À PROPOS

DE LA LOI DU DÉGRÈVEMENT

DES SUCRES COLONIAUX,

PAR M. N. LAISNÉ,

COURTIER DE COMMERCE PRÈS LA BOURSE DU HAVRE.

PRIX 1 FRANC.

SE VEND

À PARIS, CHEZ ADDE, LIBRAIRE-ÉDITEUR, BOULEVART POISSONNIÈRE, 19;
ET CHEZ LES PRINCIPAUX LIBRAIRES.
AU HAVRE, CHEZ

1839.

V

A PROPOS

DE LA LOI DU DÉGRÈVEMENT

DES

SUCRES COLONIAUX.

A PROPOS

DE LA LOI DU DÉGRÈVEMENT

DES SUCRES COLONIAUX,

PAR M. N. LAISNÉ,

COURTIER DE COMMERCE, PRÈS LA BOURSE DU HAVRE.

Paris.

IMPRIMERIE ET LITHOGRAPHIE DE MAULDE ET RENOU,

RUE BAILLEUL, 9 ET 11, PRÈS DU LOUVRE.

—

1839

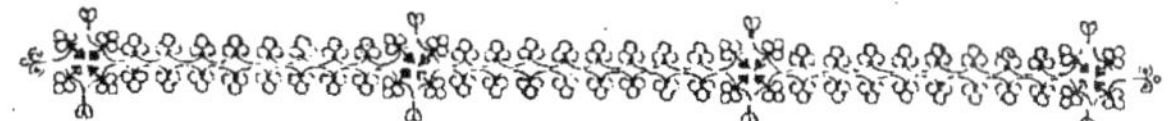

AVIS DE L'ÉDITEUR.

Nous croyons faire un véritable plaisir au public en réimprimant les articles publiés dans le journal du Havre, par M. N. Laisné, courtier de commerce près la Bourse de cette ville, à propos de la loi du dégrèvement des sucres coloniaux. On ne trouvera pas ici des chiffres groupés, des calculs démonstratifs, mais des considérations d'un ordre élevé, exprimées avec une conviction chaleureuse. Nous ne donnons rien de nouveau au public ; nous ne faisons que lui remettre devant les yeux, et rassemblés à la suite les uns des autres, des articles qu'on a pu lire d'abord dans l'excellent journal du Havre, puis dans les différens jouruanx de Paris qui les ont reproduits. Ceux que la cause des colonies intéresse seront bien aises de revoir une polémique remarquable, et d'autant plus digne qu'elle est partie d'une plume consciencieuse, toute désintéressée dans la question.

Bien que ces articles se suivent dans l'ordre de leur première publication, ils ne présentent pourtant rien de décousu, rien qui en altère l'unité, qui rompt la chaîne des raisonnemens.

L'unité parfaite, qu'on pourrait exiger dans une brochure, coulée d'un seul jet, unité factice qui tient plus souvent aux formes du style qu'au fond des idées, ne peut se trouver aussi rigoureusement dans une série d'articles dont chacun en particulier répond aux phases et aux divers accidens d'une question vivement agitée. On conçoit aussi que des articles publiés à huit jours de distance, et selon le vent de la discussion, doivent nécessairement offrir quelques répétitions.

L'ordonnance de dégrèvement, rendue par des ministres éclairés, qui viennent d'honorer leur nom par un acte de la plus grande justice, ne doit pas nous faire relâcher de l'intérêt que nous portons aux colonies; car l'ordonnance dont il s'agit, toute réparatrice qu'elle est, ne doit être considérée que comme une demi-mesure, un acheminement à l'égalité des charges, qu'il faudra bien tôt ou tard rétablir. Les colonies ne doivent pas oublier que leurs adversaires ne sont pas vaincus.

A PROPOS

DE LA LOI DE DÉGRÈVEMENT

DES SUCRES COLONIAUX.

La nouvelle répandue au Havre, de l'ajournement de la loi des sucres, y avait produit une tristesse difficile à décrire. Comment, se disait-on, encore une fin de non-recevoir! le renvoi de ce qu'il y a au monde de plus urgent, l'aggravation d'une plaie qu'aucune médication gouvernementale ne pourra jamais cicatriser! Très heureusement cette funeste nouvelle n'a pas eu de durée; le lendemain tout espoir nous a été rendu.

La loi sera donc enfin présentée. Cette fois, grâce aux discussions lumineuses dont la tribune va rendre le pays témoin, la France pourra juger de quel côté est le bon droit, de quel côté se trouvent ses intérêts. Il ne s'agira plus, pour les adversaires intéressés des colonies, de combattre dans l'ombre, d'égarer l'opinion par les fausses promesses d'une industrie parasite, qui, ne sachant que vivre aux dépens du trésor, n'est quelque chose que par l'énormité des taxes dont sa rivale est écrasée. C'est à la tribune, devant le pays, que la discussion depuis si long-temps réclamée, doit recevoir ce caractère de solennité et de publicité qui lui a toujours manqué, et qui ne peut que servir la cause des colonies et des ports de mer. Nous concevons tous les efforts des betteravières, toutes leurs manœuvres mêmes pour s'opposer à une telle discussion, faire avorter nos dernières espérances.

Enfin, le jour suprême parait venu, et la

France attentive, et trop long-temps abusée, veut aujourd'hui des explications. Nous verrons si quelques milliers d'arpens plantés en betteraves, doivent prévaloir sur nos antiques colonies, sur les plus grands intérêts commerciaux, sur la prospérité de notre marine marchande, sur la puissance de notre marine militaire, enfin sur le grand principe d'égalité dont tous les Français, sans distinction de latitude, doivent jouir d'après la Charte et toutes nos lois.

La voilà donc à la veille d'être exposée au grand jour, cette industrie intruse et militante, cause de tant de malheurs et de ruines, qui n'a pas même besoin de l'effet du dégrèvement pour être à charge à elle-même : tant, après en avoir imposé au gouvernement, elle s'est elle-même trompée dans ses propres calculs. Elle dira, sans doute, le bien qu'elle fait au pays, les sources de richesses qu'elle lui ouvre, le mouvement commercial qu'elle y imprime, les échanges auxquels elle donne lieu au-dedans, les débouchés qu'elle favorise au-dehors, les accroissemens qu'elle apporte à la prospérité générale, et les avantages surtout que le budget de l'État en retire.

Si nous étions tributaires des étrangers, le rôle du sucre de betterave serait brillant, et la patrie devrait de la reconnaissance à ce sucre libérateur ; mais il n'en est pas ainsi : nous ne sommes pas près de revoir un blocus continental, et la résurrection du passé est moins une possibilité qu'une idée qu'on se donne. Industriellement, ce n'est pas la guerre contre l'étranger qui existe ici ; c'est la guerre entre Français, guerre civile industrielle, au bout de laquelle sont l'épuisement et la ruine des deux industries à la fois. Il ne manquerait plus, pour couronner l'œuvre d'habileté, que d'en être réduit à appeler les sucres étrangers pour nourrir le trésor, rendre le bon marché aux consommateurs, et donner à notre navigation un aliment qui pût le faire revivre. Vous verrez que les choses en viendront là, pour peu que le même esprit d'aveuglement se prolonge, ou se perpétue.

Disons-le de suite, en France, malheureusement, hormis le pourtour du territoire, on n'entend rien au commerce, au commerce maritime surtout. Tous profitent de ses immenses bienfaits sans se douter en rien à quoi ils en sont redevables. On trouve merveilleux de voir *pousser* du sucre là où naguère le sol produisait du froment et du fourrage. Mais, si tous ces enfans *de la terre* et du sol, tapis dans l'intérieur du pays, voyaient nos ports, nos armemens, leur mouvement et leur grandeur, puis les riches tributs que nos navigateurs apportent de tous les points du globe, en échange de nos produits agricoles et industriels, ils changeraient vaisemblablement de manière de voir, et il y a tout lieu de penser que leur prédilection ne serait pour l'extrait ruineux et abusif de la betterave.

Mais enfin que produit le sucre indigène ? quelle richesse crée-t-il ? Ce n'est pas lui qui est exporté, il n'a et ne peut avoir cette prétention ; ou, s'il sert à l'exportation, c'est en qualité de *remplaçant*. Non seulement le sucre de la betterave ne produit rien commercialement, mais il détruit, parce qu'il est un contre-sens industriel. Tout n'est pas profit pour les départemens où la betterave a envahi les terres, puisque sa culture a pris la place des autres cultures. Le sucre de canne n'a rien supplanté : les colonies, dont il est l'enfant naturel et légitime, le produisent sans effort et avec abondance ; il est vraiment là une source de richesses. Au point de vue commercial et d'économie publique, sa puissance productive, par la voie de l'échange, a une suite incalculable d'heureuses causes et d'effets prospères. Voici donc ce qu'il serait vrai de dire, en passant des causes aux effets, et prenant les uns pour les autres :
Les colonies, avec leur récolte en sucre et café,

produisent une navigation marchande, une armée de marins prêts à voler à la défense de l'État; elles produisent l'industrie de la pêche; elles produisent l'art de la construction des navires; elles produisent tous les objets manufacturés que la métropole fournit à leur consommation et à leur commerce; elles produisent des millions au trésor; elles nous donnent des points militaires, des boulevarts en cas de guerre maritime.

Demandons à la betterave si elle engendre la centième partie de ces avantages, ou plutôt demandons-lui ce qu'elle coûte au pays. Tout à l'heure, à juger de ses prétentions, elle demandera des primes d'encouragement; car elle n'en est plus aux médailles, aux croix de mérite. Après tant d'honneurs et de profits, elle veut d'autres profits; car vous verrez qu'il nous faudra encore acheter ou payer notre propre ruine.

Encore une fois, qu'est-ce qu'une industrie

qui se pose dans des conditions si viagères, si peu certaine de son avenir ; en un mot, qui ne peut marcher qu'avec les lisières de la protection et du privilége? c'est une industrie absurde, ridicule. Si les colonies sont destinées à mourir sous la tyrannie fiscale qui les accable, il faut dire un éternel adieu à tous les avantages dont elles sont la source ; et les noirs, objet de la tendresse philanthropique de nos humanitaires de salon, ne seront pas affranchis, élevés, dressés à la liberté ; mais ils se trouveront licenciés, et, comme tels, maîtres du pays dont ils chasseront les hommes libres, si toutefois, dans leur vif empressement à s'emparer de tout, ils ne trouvent pas plus expéditif de les égorger.

Admettant pour un instant que le sucre indigène, qui, au dire de ses aveugles partisans, doit avoir des destinées si glorieuses, acquierre la force d'un géant, au point d'étouffer son rival, qu'arrivera-t-il dès que, maître absolu, le

marché intérieur lui appartiendra tout entier ?
Il arrivera que ce sucre, indépendamment du
droit colonial qu'il faudra reporter sur lui, de-
viendra plus cher pour le consommateur, et,
dans ce cas même, l'élévation du prix diminuant
la consommation, et partant les revenus du
trésor de l'État, il y aura nécessité de recourir
à de nouveaux expédiens. Comme il faut que
l'État vive, comme il faut que les consommateurs, qui sont les contribuables, vivent aussi,
alors le remède souverain à tant d'abus et de
fautes, sera d'appeler les sucres étrangers. Tel
est le cercle inévitable que nous sommes des-
tinés à parcourir, cercle fâcheux, humiliant,
mais juste retour de nos mauvais calculs, puni-
tion de nos injustices envers des intérêts qui
réclamaient nos soins. Ainsi, nous finirons par
où nous aurions peut-être dû commencer : nous
voulons dire l'admission rationnelle des pro-
venances sucrières des pays étrangers, moyen
bien plus sûr pour l'État d'augmenter ses re-

cettes, et pour le consommateur de jouir du bon marché.

Nous ne sommes point ingrats ; le sucre tiré de la betterave demeurera une belle invention, une magnifique création du génie impérial. Mais l'Empire, ses nécessités et ses guerres sont passés, et la betterave est presque un anachronisme. Dans une époque de sciences et d'arts industriels, c'est quelque chose, sans doute, que tant de créations et de perfectionnemens nouveaux ; pourtant ce n'est pas tout. Il y a une grande condition qui plane sur l'intérêt de curiosité en faveur d'un produit nouvellement créé, une grande condition, *sine quâ non*, qui chagrine tout amant ou tout auteur d'une conquête industrielle, c'est le *prix de revient*, mot fatal, mot souvent désenchanteur. Ce serait assurément une belle découverte que celle qui tirerait du sucre des cailloux ; mais à quel prix reviendrait-il ? Faudrait-il lui sacrifier le sucre de la betterave ? Tel est le mot de tout problème. Ce produit, sans doute, aurait les honneurs de l'exposition dans le Panthéon industriel de la capitale , il attirerait les regards de la foule curieuse qui se prononcerait contre le sucre indigène comme elle prône celui-ci contre le sucre colonial. Il faut donc distinguer entre les produits , ceux qui doivent prendre place à l'*exposition*, et ceux qui peuvent s'en faire une dans la *consommation*.

On nous a reproché , à propos de notre premier article, la hardiesse et la dureté de quelques unes de nos assertions. Ce serait comme des personnalités que nous nous serions permises envers les choses. Nous le déclarons : notre respect pour la betterave ne va pas jusqu'à nous clore la bouche pour fermer tout passage à la plainte. Nous répétons que l'industrie betteravière, dans l'état d'accroissement désordonné de ses produits, est devenue plus que jamais un embarras et un grand désordre industriel. Une industrie qui fonde ses espérances sur l'excès des taxes dont est frappée une industrie analogue et rivale, est, à nos yeux, imprudente et précaire; car qui a pu lui répondre que les tarifs ne seraient pas modifiés? et, s'ils devaient être modifiés, quel devait être, à un jour donné, le sort de ces fabriques dans lesquelles tant de capitaux se trouvaient engagés? Les fabricans indigènes n'ont pas pu se flatter qu'on ruinerait, qu'on perdrait à plaisir les colons et les colonies, les intérêts du commerce et de la marine. Toutefois, dominé par les avantages présens, assuré des progrès ultérieurs de la fabrication, on a cru s'embarquer sans risques pour un long avenir. On se disait : les résultats sont certains, la marge est grande, entrons dans la carrière, et ne craignons pas que le fisc nous demande des explications; car, si nous avons devant nous le rempart d'un droit protecteur, nous avons derrière nous le principe de la liberté industrielle, qui nous couvre et nous défend; ainsi retranchés, nous sommes

pour long-temps inattaquables. Ce raisonne-
ment était plausible, et la faveur *immunitoire*
dont l'industrie indigène a profité pendant des
années, prouve qu'il ne manquait pas de jus-
tesse. A peine quelques pas furent faits dans la
nouvelle carrière, qu'aussitôt on vit les capitaux
et les travailleurs y accourir en foule. Dès lors,
il n'y eut plus de borne à la production, et une
industrie qui ne devait être que supplémentaire
de l'industrie coloniale, en vue de satisfaire aux
besoins d'une plus grande consommation, en
est devenue, par l'encombrement de ses produits, le fléau et la ruine.

Aujourd'hui, le mal est porté à son comble;
il est tel que de bons esprits l'avaient prévu et
signalé : tant les vérités que nous retournons
en ce moment sont vieilles et rebattues. Il s'agit
de trouver remède à une situation déplorable
dont la responsabilité, nous devons le dire,
pèse tout entière sur l'incurie de nos hommes
d'État. Voici ce que nous pensons : Pour une

industrie qui ne paie rien au trésor, et dont les produits tendent à dépasser de beaucoup les limites de la consommation, le remède, c'est l'impôt ; pour une industrie qui, au contraire, est accablée sous le poids des charges, et laquelle a plus que toute autre des droits à la sollicitude du gouvernement, le remède, c'est le dégrève-ment : voilà les deux topiques. La perfection de toute mesure législative serait ici d'arriver au parfait équilibre entre les charges. Telle est, aux yeux de tous, la voie de salut pour l'une et l'autre industrie.

Les fabricans de betterave ont, de tout temps, repoussé l'impôt comme un précédent funeste ; ça été de leur part un tort, un très grand tort. Avec un peu plus de sagesse, ou de prévision, ils auraient compris que l'impôt, modéré d'a-bord, loin d'être leur ennemi, eût été leur sauve-garde par la suite. L'impôt, nous le redisons, était une chose salutaire ; il ne satisfaisait pas seulement à la justice, il ne se bornait pas à donner un avertissement utile ; il faisait quelque chose de plus : il mettait un frein à l'ardeur de produire, il tempérait cette fougue aventureuse, de laquelle sont sorties tant d'entreprises nouvelles ; enfin, il obligeait, en quelque sorte, les créateurs d'établissemens à se poser dans les meilleurs conditions possibles. Par là, vraisemblablement, la production du sucre indigène se serait réglée sur les besoins généraux de la consommation, ou, s'il lui était arrivé de l'excéder, au moins ce n'aurait été que pour des quantités peu influentes. Maintenant, à voir l'état des choses, on pourrait dire avec une grande apparence de raison que la betterave, par la surabondance de ses produits, est devenue pour elle-même son plus grand ennemi, l'abus du plus criant des abus.

Nous n'avions donc pas exagéré, en énonçant que les betteraviers en viendraient à solliciter des primes d'encouragement, et qu'il nous faudrait peut-être *acheter ou payer notre propre ruine.* En effet, gâtés long-temps par la bonne fortune, s'imaginant que le salut et la prospérité du pays sont attachés au triomphe du sucre indigène sur l'exotique, constituant en quelque façon débiteur le Gouvernement, à qui ils n'ont jamais donné un sou, ne les entendons-nous pas aujourd'hui lui demander justice réparatrice pour le mal qu'ils se font à eux-mêmes en tuant nos colonies et notre marine. Cette satisfaction, demandée pour l'injure qu'ils reçoivent de la présentation de la loi aux chambres, le Gouvernement, nous l'espérons bien, ne la leur donnera pas. La loi du dégrèvement, loi tardive, mais loi d'équité, peut d'autant moins se décliner, que plus le mal a pris de gravité, plus la chute qui entraîne les intérêts coloniaux devient rapide chaque jour.

On a calculé que vingt lieues carrées, c'est-à-dire, la six ou sept-centième partie du territoire français, plantée en betteraves, pouvait suffire à l'alimentation générale chez nous.

S'il en est ainsi, qu'on nous fasse voir cet accroissement de la prospérité agricole dont on fait si grand bruit. Mais c'est une risible influence que celle d'une aussi minime fraction sur *l'entier* territorial. Que des arrondissemens, des localités, des propriétaires fonciers se trouvent bien de cette culture, nous le croyons sans peine. Il est dans la nature du *moi* humain, dans le *meî compos* de celui qui est bénéficiaire des faveurs de la fortune, de ne pas concevoir que les autres ne puissent pas être aussi heureux : on comprend cela ; mais qu'on nous donne la prospérité *terrienne* de quelques arrondissemens pour la prospérité agricole de nos quatre-vingt-sept départemens, et le bonheur particulier de quelques localités pour le bonheur général de la France, c'est vouloir nous faire prendre un ruisseau pour un fleuve, un lac pour l'Océan.

Ainsi, quelques localités, une toute petite enclave départementale où le tubercule saccharin croîtra avec fertilité, voilà ce qu'on oppose, ce qu'on veut substituer aux intérêts majeurs du commerce, aux intérêts puissans de la marine marchande et militaire ; voilà ce qu'on oppose à ces mers que nous possédons, à ces mers qui étendent, pour ainsi parler, les limites de la France aux divers points du globe, dont nos colonies, comme forteresses ou frontières, marquent si glorieusement les grandes lignes de circonscription.

L'industrie de la betterave n'a pu se promettre d'être l'objet d'une éternelle exception. Née sous la tutelle des tarifs, elle s'est engagée, par le fait de sa hardiesse et de ses profits incontestés, à subir tout ce qu'il y a de transitoire dans l'existence de ces tarifs, à souffrir même des changemens et des diminutions occasionnés par sa présence. Placée au milieu de toutes les autres industries assujetties à l'impôt, elle n'a jamais dû songer que, par un privilége de droit divin, elle seule resterait désormais comme inviolable et sacrée. C'est inutilement qu'elle invoque la possession d'état, les services que le pays peut attendre d'elle en cas de guerre maritime, les perfectionnemens, les progrès dont elle est susceptible : il faut qu'elle rentre dans le droit commun. Il est par trop injuste d'ailleurs qu'elle soit seule libre, tandis que les autres industries, l'industrie coloniale en tête, seront sous l'esclavage de la loi commune.

Non, le trésor, les contribuables ne peuvent plus être dupes. L'enquête n'a été qu'une comédie où la betterave s'est faite piteuse pour mieux endormir la vigilance du fisc, ou pour obtenir du répit auprès de lui, soi-disant pour donner le temps aux meilleurs procédés de venir, aux nouveaux progrès de se faire, et le tout, disait-on, afin de marcher de pair, un jour, avec le sucre colonial. L'impôt d'une part et le dégrèvement de l'autre, telles étaient les promesses des betteraviers.

Présentement bien des illusions se sont dissipées; le jour de la vérité commence à poindre sur l'horizon des faits ; des procédés ingénieux ont été trouvés ; de remarquables progrès se sont accomplis, sauf peut-être les procédés particuliers d'en imposer encore au public. Le Gouvernement abusé, qui voit la modicité de ses recettes, et toujours les sueurs du contribuable en combler le déficit, ne doit plus consulter que l'intérêt commun et les droits de l'équité, en appliquant largement le dégrèvement aux sucres coloniaux. Nous dirons aux betteraviers : « Si, par hasard, votre « industrie se trouve dans un état critique, à « qui la faute? ce n'est pas au budget des recet- « tes, puisque jamais il n'a rien eu de vous. « C'est la faute apparemment des colonies qui « ne meurent pas assez vite, de ces pauvres « colonies agonisantes dont on envie les der- « nières dépouilles. »

Étant démontré, par le peu d'étendue des

terres occupées par la betterave, que la France agricole est fort peu intéressée à cette culture, comment se fait-il que nombre de propriétaires fonciers aient pris si chaudement fait et cause pour elle? Croiraient-ils que la moitié du territoire pût être un jour affectée à cette plantation, en un mot, que la culture plus avantageuse de la betterave, substituée à celle des céréales, nous donnerait, pour le sucre, la fourniture de l'Europe? Au zèle qui les anime, et à les voir faire cause commune avec nos adversaires, on jugerait qu'ils se sont bercés de cet espoir. Cependant ils ne peuvent pas ignorer que les consommateurs d'outre-Rhin, entourés aussi de plans betteraviers, n'ont à cet égard nul besoin de nos produits. Ils doivent donc se tenir pour avertis que, quel que soit l'avenir de notre indigène, il est certain qu'il ne saurait en cette qualité dépasser la frontière, sa destinée étant de vivre ou de mourir dans le pays qui l'a vu naître.

Mais la France renferme trente millions de consommateurs ; et pour ceux qui croient à de plus gros fermages, ceci, on le conçoit, mérite encore considération.

A leurs yeux l'industrie betteravière serait appelée à régénérer la propriété foncière; qui sait? peut-être à faire couler des ruisseaux de miel et d'or. Ajoutez à cela tout le prestige qu'un art, réputé merveilleux, exerce sur les imaginations séduites, et vous ne serez plus étonné de voir à la betterave tant de partisans et de défenseurs. Le sucre indigène, grâce aux soins diligens de ses promoteurs intéressés, s'est acquis tant de renom, de popularité, que lui demander ses titres et ses droits, c'est vouloir soulever des montagnes.

Mais patience, le jour des grandes déceptions viendra ; peut-être n'est-il pas éloigné. Cette opinion égarée, ces contribuables aujourd'hui dans l'erreur, éclairés plus tard, las à la fin de subventionner une industrie dont les menteuses promesses auront amené l'affaiblissement de nos ressources maritimes, précipité la ruine de nos colonies, viendront, n'en doutons pas, demander au Gouvernement un compte sévère de sa gestion, et dans tous les cas de son inexcusable indifférence.

Ce qui s'est passé jusqu'ici a été tellement contraire à la justice, à l'intérêt général et aux vues saines de la science économique, qu'on serait tenté de croire à quelque puissance occulte travaillant dans l'ombre pour le compte d'intérêts autres que ceux de la généralité. C'est un principe général qu'il ne faut pas produire, ou se procurer plus chèrement chez soi ce qu'on trouve à meilleur marché ailleurs. Ce qui est vrai entre nations commerçantes ne l'est pas moins entre les portions d'un même pays : à chaque lieu du globe ses productions naturelles et son rôle pour le plus grand avantage de l'humanité. D'après ce principe, il est clair que la condition de toute nouvelle industrie qui s'é-

lève à l'encontre d'une autre, c'est de la sur-
passer, d'offrir plus de ressources au pays
par le bon marché relatif de ses produits. Or,
ici, nous sommes tout-à-fait loin de compte, si
nous mettons en parallèle *les prix de revient* de
la canne et de la betterave ; la disparate en est
si choquante, qu'on ne comprendrait jamais, si
on en était témoin, et tant le vrai quelquefois
n'est pas vraisemblable, comment un gouvernement qui se pique de lumière, a pu fermer
les yeux sur un résultat si anormal. Protéger
une industrie qui, sans le despotisme des tarifs, n'aurait pas vu le jour, qui, avec les tarifs,
est à peine née viable, qui, par l'intempérance
de sa fabrication, va se trouver aux abois, est
un fait si nouveau, si étrange, qu'il faut croire
à toute autre chose qu'à la raison et au désin-
téressement.

Les avertissemens, certes, n'ont pas manqué ; il y a long-temps que les hommes éclairés
des ports avaient signalé le mal qui se produit.

On n'a voulu tenir compte d'aucun avis. Vivant dans une atmosphère où l'opinion, cette prétendue reine du monde, exerce, sous les mots emphatiques de *progrès*, le plus aveugle despotisme, on s'est laissé aller à d'onéreuses complaisances dont les contribuables, qui en paient les frais, sauront bien un jour demander raison.

On a voulu nous juger, nous faire notre part, mieux s'entendre en navigation que ceux qui font le commerce et les armemens. Et quels hommes, sans compter les intéressés, ont été nos juges dans cette matière? des hommes qui se font des idées d'après les opinions à la mode; des hommes qui, préoccupés d'abstractions politiques, d'idées philanthropiques, inapplicables, se trouvent éloignés de toute réalité commerciale et maritime, et s'arrogent une compétence que ni leur expérience, ni leur profession, ni leurs goûts, ni leurs études, ne leur donnent aucun droit d'exercer équitablement : car c'est là ce qu'on voit trop souvent.

La situation actuelle est neuve, toute fâcheuse. Cependant elle avait été prévue, annoncée. Ce n'est pas d'hier qu'il a été dit des demi-mesures qu'elles recueilleraient l'insuccès et la honte, et qu'un juste-milieu serait impossible entre deux productions rivales, dont l'une a besoin d'exclure l'autre pour exister. Disons-le, les contribuables, le trésor, ont joué dans cette affaire le rôle de dupes. Le trésor n'aura bientôt pour récolte qu'un *minimum* de recette, équivalant au résultat d'une liquidation qui donnerait trente ou quarante pour cent de perte. Ce n'est pas assez pour le sucre indigène de n'avoir rien rapporté à l'État, d'avoir été soutenu, encouragé ; il faut aujourd'hui que l'État vole au secours de cet enfant chéri, le relève de ses chutes, remédie à ses infirmités naturelles. La haute protection des tarifs ne lui suffit plus ; ce rempart si élevé qui l'abritait naguère s'est abaissé depuis que les prix se sont avilis, de telle sorte que, pour rétablir à son profit les conditions primitives, dans lesquelles il lui a plu de naître, ce ne serait pas du dégrèvement qu'il devrait être question, mais d'une surtaxe à réimposer aux colonies. Le voilà donc à découvert ce cercle vicieux dans lequel l'industrie indigène devait aveuglément se mouvoir. Pourtant, on le lui avait assez dit, que l'abondance dont elle serait cause, en faisant tomber les prix à un niveau trop inférieur, annulerait jusqu'à certain point la différence, tout à son avantage, que lui offrait originairement le chiffre du tarif.

Mais le trésor, les contribuables, il y a de quoi les plaindre de voir leurs intérêts lésés par de si mauvais calculs. On a laissé sécher et se perdre une des plus fécondes branches du revenu public. Ne semblerait-il pas au premier aspect que l'abondante consommation d'une denrée, imposable de sa nature, aurait dû contribuer à remplir les coffres de l'État ; eh bien ! c'est tout le contraire. Jamais il n'y aura eu plus de sucre de produit et de consommé, jamais aussi on n'aura fait moins de recette. On dirait du fisc que tout le fuit, lui échappe et se joue de lui. Au lieu d'être créancier, il devient en quelque façon débiteur; ce n'est pas le sucre indigène qui lui doit, c'est lui, trésor de l'État, qui doit au sucre indigène, non pas même en intérêts, mais en capital; c'est du moins ce que nous avons compris par les mots *indemnité, remboursement*, proclamés par les betteraviers.

Ainsi, le sucre de la betterave ne peut être sauvé, soi-disant, qu'à la condition que le trésor s'en fera le rédempteur. Que de fautes, et quelles leçons ! Ce n'est pas tout, et c'est encore d'un autre côté une condition non moins à déplorer. Ces colonies si fidèles, si amies des caisses de l'État, seules ressources sur lesquelles la loi de l'impôt puisse encore se reposer, voici que leur détresse vient de soustraire (1) à la perception les droits de quatre mille barriques de sucre, expédiées sur un autre continent.

Ainsi donc, de quelque côté qu'on se tourne on ne voit que défection et déficit pour les douanes. Cet état de choses est intolérable.

Le temps marche, et les événemens s'accomplissent. Les faits se sont chargés de répondre ; leur lumière doit suffire à ceux qui avaient besoin d'être éclairés. Il n'y a plus à argumenter, à se perdre dans les faux-fuyans d'une stérile enquête pour rechercher une vérité qui fuit d'autant plus qu'on la poursuit: tant les intérêts privés savent l'environner de nuages.

Au reste, ce fut un spectacle singulièrement nouveau de voir deux industries aux prises et marchant à la ruine l'une de l'autre, appelées

(1) On venait de recevoir la première nouvelle de la sortie de quatre mille barriques de sucre.

comme devant un tribunal de paix pour exposer le sujet de leurs plaintes et s'y concilier, si faire se peut, comme si le Gouvernement avait pu ignorer un état de choses déplorable, dont ses revenus attestaient la souffrance. Quels éclaircissemens les enquêtes lui ont-elles fournis? Son repos, ses lenteurs ont toujours fait supposer qu'il n'avait pas obtenu de lumières suffisantes pour rendre la justice qui devait sortir d'une pareille instruction. Est-ce que les fabricans de sucre indigène, appelés à la barre de l'enquête, n'avaient pas juré de dire la vérité, rien que la vérité? Etait-il donc besoin de soumettre à cette risible formalité l'industrie des colons, quand, depuis six ans, le monde maritime et commercial est rempli du bruit de leur lamentable détresse?

Mais une maîtresse impérieuse, la nécessité, vient mettre un terme à toutes ces investigations sans résultat. Il n'y a plus à fouiller dans les entrailles d'une fallacieuse enquête pour y

chercher l'avenir du sucre colonial ou indigène. Aujourd'hui les destins ont parlé, les
derniers avertissemens se font entendre. Quant
à l'enquête coloniale, elle est à cette heure des
plus complètes. Après les mesures de salut,
prises en commun par les deux gouverneurs
des Antilles, le temps n'est plus de délibérer,
mais d'agir. Les demi-moyens, les petits expédiens ne sont plus de saison; car on ne marchande pas avec le malheur, à moins qu'on ne
se soit promis conjurativement d'étouffer les
colonies, en leur fermant les issues par où
elles pouvaient encore respirer. Ainsi, le malheur, l'extrémité à laquelle on les a réduites,
les émancipe de fait, et elles vont chercher du
soulagement ailleurs que dans votre ironique
protection. Ce qui se passe, dans ce moment,
est le signal ou le précurseur d'un inévitable
changement. Désormais c'est le dégrèvement
ou la liberté ; entre l'une et l'autre, on ne voit
que le néant des colonies.

Si vous avez considéré le sucre indigène comme secondaire, faites qu'il ne soit que cela; assignez-lui des bornes, contenez-le par l'impôt, ne le laissez pas envahir votre marché. La consommation tout entière ne lui appartient ni par droit de conquête, ni par droit de naissance ; par droit de conquête, le sucre de canne l'emporte de beaucoup par le bon marché ; par droit de naissance, l'industrie coloniale est la plus ancienne, et, comme telle, elle a droit au respect.

Le trésor n'a pas à hésiter ; il faut qu'il consente à une diminution de recette en faveur du dégrèvement, qui, en définitive, est aussi bien dans son intérêt que dans l'intérêt colonial et maritime. Cette mesure est de rigueur ; elle est commandée par la plus pressante nécessité. Le Gouvernement, d'ailleurs, ne saurait échapper à cette alternative : ou l'abaissement volontaire des droits de douane, ou un déficit certain par la désertion des sucres coloniaux. Enfin, il n'y

a pas d'autre perspective : c'est à choisir. Sans
le dégrèvement, l'impôt tue la production coloniale, et lui-même il meurt avec elle ; avec le
dégrèvement, cette production revit et le fait
vivre.

Quel sera le chiffre de ce dégrèvement? Celui
qui est arrêté dans le projet de loi, faible et
mesquin, ne donnera pas le pair aux planteurs,
et plus tard on sera forcé de rentrer dans la
question actuelle. On ne fera donc ici que du
provisoire, c'est chose certaine. Ce n'est pas
d'une main tremblante qu'il faut manier ces
hautes questions industrielles ; on doit les en-
visager d'une vue ferme, et les résoudre dans
le sens de la justice, qui est toujours d'accord
avec l'intérêt général bien entendu. Au point
où en sont les choses, il n'y a que l'égalité des
charges qui puisse satisfaire à tout.

Est-ce une industrie recommandable que celle
qui coûte tant à l'État, qui, victime de ses propres excès dont elle le rend responsable, n'a

pas honte de lui demander des indemnités pour être sauvée de ses propres méprises et de ses fausses opérations? Ce n'est donc pas assez qu'elle ait joui pendant dix ans, comme en vertu d'un privilége attaché à un brevet d'invention, d'une injuste et scandaleuse impunité; il faut encore qu'il y ait pour elle une caisse d'amortissement destinée au rachat et extinction de ses mauvaises fabriques; en un mot, que le Gouvernement soit l'assureur-né de toutes les folles entreprises qu'on aura créées dans le *genre betteravique*, endossant tous les risques, tous les sinistres arrivés par l'ambition et l'imprudence cupide des fabricans.

Où sont les droits acquis dont cette industrie veut se prévaloir en présence de nos vieilles colonies? Elle n'a d'autres droits acquis que ceux-ci: j'ai le droit d'exister parce que j'existe. De ce que l'on fait ombre au soleil, ou de ce que l'on est compté comme chose ou force d'inertie, est-ce à dire que l'on ait des droits?

Cette industrie est dans le droit naturel, et non dans le droit civil ; en un mot, elle exerce et ne paie pas encore patente.

A l'instar de ces fabriques mourantes qu'on veut lui faire racheter, le trésor est aussi dans les plus mauvaises conditions. Moralement, sa position n'est pas meilleure : elle n'est que faiblesse, pusillanimité. Veut-il prendre un peu le ton de la justice, *l'indigène* lui répond : « Je vous dois le jour, et, paternellement, vous ne pouvez me délaisser : votre devoir est de m'assurer une existence ; et, dans le cas de déconfiture, une pension alimentaire par le rachat. » Veut-il continuer à être dur, injuste envers *l'exotique*, celui-ci répond : Je vous ai nourri, aidé, et pour prix de mes vieux et longs services, vous m'écrasez ; mais continuez ainsi, et bientôt votre ingratitude n'aura plus rien de moi. » Ainsi ne rien gagner d'un côté, puis perdre de l'autre, telle a été et telle est la condition du fisc.

Sans le dégrèvement, la betterave pullule et

la canne rentre dans le sol. Avec le dégrève-ment, les colonies sont conservées et l'industrie indigène ne meurt pas. Toutefois, ce que font et se proposent les fabricans métropolitains se réduit au fond à ceci : il faut que les colonies cessent pour nous laisser la place : elles seules doivent venir supplémentairement. Remarquez que, dans leur vocabulaire, le mot *exotique* veut dire *étranger*, et que l'expression *indigène* si-gnifie, en langue betteravique, *national*. Leur résistance au dégrèvement n'a pas d'autres fins que d'amener la ruine du sucre de canne. Nous croyons qu'ils entendent mal leurs intérêts, attendu que le dégrèvement n'aura pas contre eux l'effet qu'ils redoutent. Nous croyons qu'un droit de cinq francs dont on les sur-imposerait aujourd'hui leur serait plus préjudiciable que la remise de quinze francs aux colons, une très grande partie devant retourner aux produc-teurs.

Qu'ils cessent donc d'aller répétant que la

France n'est plus coloniale : plus que jamais la France veut des colonies ; elle en veut même à tout prix ; autrement qu'allons-nous faire à Alger, où nous semons notre or et notre sang depuis dix ans sans rien récolter. Nous prendrons la permission de penser que l'Amérique des Antilles vaut encore mieux pour nous que l'Afrique Algérienne.

Les anti-coloniaux sont aussi anti-marins, et en cela ils sont conséquens. Ils font tout-à-fait bon marché du commerce maritime et de la marine de l'État. Eh ! en quel temps cette marine, dont ils affectent de méconnaître la puissance et la gloire, a-t-elle joué un plus grand rôle, pesé dans la balance des destinées des États. C'est probablement à notre marine que le trône de Juillet a dû le respect que lui ont porté les puissances absolues, naturellement ennemies de notre révolution. Dans les grands débats qui ont, à plusieurs reprises, menacé la paix du monde, n'est-ce pas à la présence ou à l'intervention de cette formidable puissance qu'on a été redevable du maintien et de la durée de la paix ? Et cette question d'Orient qui tient toute l'Europe sur le *qui-vive*, qui donc la résoudra, si ce n'est cette marine si stupidement dédaignée de quelques uns, et pour laquelle les Chambres vont ouvrir demain un premier crédit de dix millions ? La marine, c'est la *Grande-Armée* aujourd'hui, celle qui peut porter le plus loin ses armes redoutées. Avec des vaisseaux nos boulets ont une portée qui va jusqu'au bout du monde.

Nous nous étions proposé et nous avions promis de traiter la question coloniale sous le point de vue du droit des gens, c'est-à-dire, sous celui des devoirs de la métropole envers ses colonies, et de l'obligation pour elle de maintenir les conditions sous lesquelles elles ont été appelées à vivre, conditions rigoureuses hors desquelles le pacte colonial peut être considéré

comme rompu : mais on conçoit que le décou-
ragement, produit par l'abandon de la loi du
dégrèvement, ôte aujourd'hui tout intérêt à
ce point de vue spéculatif.

Comment, en effet, prendre son parti et con-
server du calme, en voyant ce que vient de
faire la Chambre? N'est-ce pas, sous le déni de
justice le plus formel, la plus flagrante iniquité
qui puisse, après tant de fléaux, accabler les
malheureux colons.

Ainsi, ces volumineux procès-verbaux des
enquêtes, dressés avec tant d'appareil, ces
appels et réappels des délégués des deux industries, ces éternels interrogatoires auxquels on
s'est prêté, soi-disant pour éclairer la religion
du Gouvernement, le mettre à même de rétablir les droits, trop long-temps méconnus, de
la justice et de la vérité, tout cela est présentement comme non avenu, *effusus labor*. On met
au rebut, et de la façon la plus moqueusement
impitoyable, la plus touchante des causes; on

la laisse mourir dans le silence comme dans le vide ; ou on l'étouffe, on l'enfouit dans la poussière des cartons. Enfin, la cause des populations françaises d'outre-mer, les grands intérêts du commerce et de la navigation, dont l'état de souffrance n'est que trop manifeste, sont lâchement, peut-être traîtreusement désertés. Quand on n'aurait d'autre preuve de la réalité des droits des colons, qui sont ici ceux-mêmes de l'humanité, que cette suite incompréhensible d'ajournemens ou de fins de non-recevoir, en apparence si bien calculés, cela suffirait pour ouvrir les yeux aux plus incrédules et justifier tous les soupçons.

Jamais assemblée délibérante, depuis cinquante ans, ne s'était trouvée saisie d'une aussi importante question. C'était là comme une espèce de jugement dernier, d'où les plus grands intérêts, les plus légitimes espérances, attendaient leur salut. Mais la Chambre qui ne paraît pas tenir beaucoup à avancer ses travaux, en dépit même de l'urgence des questions, a préféré en quelque sorte quitter le siége; grand sujet de triomphe, sans doute, pour ceux qui sont jugés et parties dans la question, et dont, peut-être, le renvoi est l'œuvre machiavélique.

Après une si longue et si vive attente, après tant de promesses et de travaux préparatoires, surtout dans le moment extrême où les colonies tirent le canon de détresse, en secouant le joug de la protection métropolitaine, qui se serait jamais attendu que la loi du dégrèvement dût être renvoyée à une autre législature? Et lorsqu'on songe à l'état profond de misère où se trouvent en ce moment les habitans de nos Antilles, aux pertes récentes des armateurs désappointés, dont les navires reviennent sur lest, cette nouvelle déchéance, car c'en est une véritable, est un coup de massue qui doit tout achever. En vérité on serait tenté de croire, si on était un peu superstitieux, qu'il y a au fond de tout ceci un Dieu malfaisant qui pousse toutes choses à leur ruine, puisqu'il est impossible de faire un pas vers le bien sans qu'une main invisible, cachée dans l'ombre, ne s'allonge pour tout arrêter. Cette main fantastique n'est autre que celle des intérêts privés en lutte contre les intérêts généraux ; car tel est le mal clandestin dont le pays est aujourd'hui travaillé, et qui ne va qu'à ruiner chez nous le gouvernement représentatif.

Nous avons toujours cru nos adversaires, les fabricans de sucre de betterave, trop avisés pour ne pas redouter la solennité du débat parlementaire ; ils savent bien, comme nous le savons nous-mêmes, que c'est une pierre d'achoppement pour eux, et que l'opinion publique, depuis long-temps circonvenue par des journaux dévoués, qui n'ont cessé de chanter les prodiges de l'industrie betteravière, n'attend plus que ce moment décisif pour revenir de son engouement, faire justice des fausses idées qu'on lui a données.

Comme il n'y a pas d'acte qui n'entraîne une responsabilité quelconque, nous demanderons à l'administration actuelle, elle qui est fille de la coalition parlementaire, et qui, à ce titre, promettait de faire mieux, comment il s'est fait que la loi des sucres est restée au pied de la tribune sans en pouvoir monter les degrés. Au milieu des circonstances nouvelles et plus graves qui réclamaient la mesure du dégrèvement, c'était un devoir rigoureux pour le ministère de la présenter. Il a donc failli à sa mission, mission de nécessité et d'honneur, qu'à tout prix il ne pouvait décliner.

Nous n'ignorons pas de quels prétextes on peut se couvrir. Nous savons aussi qu'il y a une tactique parlementaire qui consiste à hâter ou à retarder la présentation de certains projets de loi. A ceux des honorables députés qui ont allégué que la question coloniale exige plus de maturité, nous nous permettrons de demander comment ils entendent ce mot de *maturité*. Est-ce la maturité de la question, ou la maturité de leur jugement qui manque ici ? Si, par hasard, ce n'était pas celle de la question, il serait à déplorer pour nous que, sur des choses, depuis si long-tems à l'ordre du jour dans le pays, ils en soient encore à faire de nouvelles études, rendant en cela le sort des colonies assez semblable à celui des chemins de fer. Si c'est la maturité de la question en elle-même, c'est-à-dire, du temps opportun de la traiter et de la résoudre, nous dirons à cet égard qu'elle est plus que mûre, qu'elle est même très avancée, et que le temps qui nous prime la résoudra probablement de lui-même, mais contre nous, contre les intérêts de la France. Ne nous arrêtons pas à ceci. En langage parlementaire, on vous répond : « La question n'est pas mûre ; » comme on vous dirait ailleurs : On n'a pas le temps de vous écouter.

Au fond, est-ce sur la Chambre ou sur le ministère que doit retomber la responsabilité d'un renvoi qui équivaut à un rejet pur et simple? car il est bon de connaître qui aura à répondre du mal. Selon nous, le ministère a manqué complètement de volonté. Il devait d'autant plus prendre ses précautions et assurer la présentation de son projet de loi, qu'il n'est pas sans savoir que la Chambre renferme une opposition fort systématique contre la production coloniale. On s'est effrayé du nombre des orateurs inscrits pour prendre part à la discussion, c'est-à-dire que, plus la question a été jugée importante et la loi à rendre nécessaire, moins on a trouvé convenable de s'en occuper. Les *honorables* sont pressés, non de se rendre à leur poste, mais d'en sortir, et cela avec autant de sans-façon que si nous les avions nommés pour leur satisfaction personnelle et nullement pour notre utilité. Ce serait quinze jours de retard, et, au point où en est la session, c'est comme l'heure du dîner, ni plus ni moins impérativement, chacun se retirant pour aller sourire à

4

ses champs, à ses riches moissons, sans s'in-
quiéter en rien si le colon ne va pas revoir aussi
son champ et sa récolte pour pleurer sur la
perte de ses travaux annuels, et les fruits d'amer-
tume qu'il en retire.

Vous, donc, qui avez expédié un bref contre
la double mesure de la libre exportation, vous
qui courez après le sucre colonial pour l'arrêter dans sa fuite et le ramener vers la métropole, en donnant aux planteurs l'assurance que
la Chambre, saisie du projet de loi, est disposée
à faire droit par le vote du dégrèvement, quelle
nouvelle allez-vous leur porter? Leur direz-vous
encore d'attendre et de patienter? mais vous
savez bien qu'il n'y a pas de trève possible avec
le désespoir, si l'on ne remédie sur-le-champ
à la cause qui l'entretient. A défaut du dégrèvement, cherchera-t-on à les consoler par la
hausse survenue? mais, ne vous y trompez pas,
cette hausse instantanée, due en grande partie
à la prévision du dégrèvement, n'aura été que

passagère. Le temps ramènera les choses à leur premier niveau; enfin, cette hausse dont vous avez dû envoyer les premiers l'heureuse nouvelle, pour retenir une perception qui allait vous échapper, eh bien! les infortunés colons n'en jouiront pas plus que de votre dégrèvement. Quelle amère déception !!!

Nous le prédisons : les choses seront ici plus fortes que les hommes, et il y a toute probabilité qu'avant peu le Gouvernement sera amené à octroyer le dégrèvement par ordonnance, parce que la nécessité est le premier des législateurs, et qu'il faut obéir quand elle commande. Mais d'ici là, que de maux vont sortir du déni de justice des Chambres, et quelle responsabilité va peser sur leur sagesse!.....

Certes, on est bien fort quand, pour faire valoir ses droits, on a, par devers soi, la justice, l'intérêt général. Toutefois, s'il y a quelque chose d'étrange ici, c'est qu'on soit obligé de prendre la défense de droits qui n'auraient jamais dû être méconnus. Un gouvernement éclairé va au devant de l'injustice ; il n'attend pas qu'elle lui soit signalée par des plaintes et des calamités.

La question coloniale, si complexe dans ses élémens, et, par là même, si embrouillée par les tiraillemens de l'intérêt privé et l'ignorance du grand nombre, est des plus simples lorsqu'on la dégage du conflit des passions intéressées, et qu'on la replace sur le terrain supérieur des questions d'État, véritable et seul point de vue qui domine tout, d'après lequel toutes les questions secondaires se résolvent naturellement les unes par les autres.

Eh bien! les dépositaires du pouvoir sont dans ce point de vue élevé qui élargit devant eux l'horizon, leur permet de voir à distance. Si donc, à la hauteur où ils sont placés, ils ne voient rien, soit parce que leur vue serait courte, soit parce qu'ils seraient sans résolution aucune en présence d'un état de chose calamiteux, dont chaque jour de retard ne fait qu'ajouter à la violence de la crise, alors ils dérogent à leur mission ; ils font en quelque sorte abdication du pouvoir qui leur est confié, dès là qu'il est sans vertu dans leurs mains débiles.

Comment ! des populations entières, des enfans de la grande famille, déjà en proie à tous les fléaux d'un climat ardent et d'un sol périlleux prêt à les engloutir, seront jetés dans la plus horrible des misères, et, comme à l'égard de malheureux naufragés vous tendant de loin les bras pour invoquer votre humanité, vous contemplerez à loisir leur affreuse détresse ; vous vous contenterez de dire, avec des yeux secs et un cœur pétrifié : « Le secours qu'on nous demande n'est pas légal ! » parce qu'apparemment il est plus dans l'ordre d'être tué par une loi que d'être sauvé par une ordonnance.

Voilà où nous en sommes !

Mais voyez quelles conséquences désastreuses de votre système de temporisation et de consomption, lequel n'est à tout prendre qu'un déni de justice ; car, nous vous le demandons, quel ennemi, quelle guerre ferait plus de mal aux malheureux colons, les plongerait plus dans l'abime, que la conduite que nous, métropolitains, tenons envers eux ?... Est-on gouvernement, administration, pour ne pas gouverner ni administrer, au point que, tout à l'heure, notre coupable inaction va passer pour un attentat à l'humanité, en réduisant au désespoir ceux que nos lois, nos libertés et notre honneur nous font un devoir de regarder comme des frères.

Ce qui se passe n'est pas à notre gloire, mais à notre honte. C'est assurément quelque chose de bien nouveau et de bien triste. de voir, après cinq et six mois de départ, des navires de trois et quatre cents tonneaux revenir sur lest ; d'apprendre que les pavillons étrangers, accourus au signal de vos gouverneurs, remplissent tous les abords de nos deux îles pour y enlever, sous les yeux de notre commerce impuissant, les denrées qui devaient charger nos navires. A voir tant de bâtimens étrangers à la fois, et leur empressement à venir, on les dirait vraiment à la curée. Ceci, encore, est une circonstance heureuse pour les colons, qui trouvent au moins, dans le commerce étranger, les secours, les soulagemens qu'ils sont accoutumés depuis long-temps à ne pas recevoir de la mère-patrie, devenue pour eux une marâtre. Que si, par hasard quelques capitaines reviennent chargés, seulement ils font apparition sur notre rade pour flairer le marché, puis rebroussant chemin, vont porter ailleurs notre sucre colonial. Ainsi, les sucres sont enlevés de nos colonies par les étrangers, et nous-mêmes, Français, nous ne pouvons les apporter chez nous.

Si, après tant de faveur et de protection accordées à la betterave, il lui fallait encore celles-ci, ses vœux sont exaucés ; elle a de quoi se réjouir. Oh ! certainement la betterave vivra ! Encore un peu, et tout sera fini ; car les colonies épuisées, et perdant chaque jour de leur force vitale, ne peuvent tarder à rendre le dernier soupir.

Les colonies, après tout, sont ce que la métropole les a faites. Les conditions de leur existence, elles ne les ont pas stipulées, elles les ont reçues. Tant que ces conditions sont demeurées dans les limites de la justice et d'une équitable réciprocité, tout était bien. Mais aujourd'hui que la métropole affecte d'autres préférences, ne tient plus à ses anciennes promesses, à ses engagemens, c'est le comble de l'injustice, de l'oppression, de les tenir en esclaves à la chaîne et de les faire mourir de consomption.

Il n'y a pas ici de juste-milieu : c'est de rentrer dans les termes du pacte colonial, c'est-à-dire, dans les conditions sans lesquelles elles ne peuvent vivre, ou de les congédier par l'affranchissement, en les laissant libres de chercher ailleurs leur subsistance.

Mais non, vous ne voulez pas les rendre à la liberté : une pareille détermination est cent fois au dessus de vos forces et de vos résolutions. Eh ! comment pourriez-vous vous élever à cette suprême mesure ? Vous ne pouvez pas même arriver à celle du dégrèvement, qui est pour vous la mesure la plus facile, et pour les colons l'indispensable soulagement que vous leur devez.

Il se peut que le ministère actuel, auquel nous nous attaquons, soit, au fond, dans de bonnes intentions. Cependant, nous ne comprenons pas les scrupules ou les doutes qui le feraient hésiter à dégrever par ordonnance. Quand d'aussi vastes intérêts sont en péril, et ont surtout pour eux la justice, le bien général, la gloire de notre marine, on doit avoir au moins le courage de l'équité. Autrement, on fait supposer que l'irrésolution est absence de génie et de caractère.

POST-SCRIPTUM.

Enfin, la cause pour laquelle nous avons combattu, a triomphé. Ces colonies si françaises, pour le salut desquelles nous faisions tant de vœux, ne périront pas sous le vandalisme indigène du jour. Le droit, la justice, pendant quelque temps suspendus, ont repris leur empire, et les généreux colons, naguère menacés d'une ruine complète, peuvent maintenant se livrer aux espérances d'un meilleur avenir. Sans doute nous aurons encore à combattre, car tout n'est pas fini de la question fiscale et industrielle entre les deux produits rivaux. Des mêmes difficultés se représenteront plus tard : la betterave se relevera d'autant plus infailliblement qu'elle est moins tuée qu'étourdie du coup qui l'a frappée. Il n'y aura de justice complète et satisfaisante que lorsqu'il y aura égalité de charges entre les sucres indigènes et coloniaux. C'est là ce que nous ne devons point perdre de vue.

N. LAISNÉ.

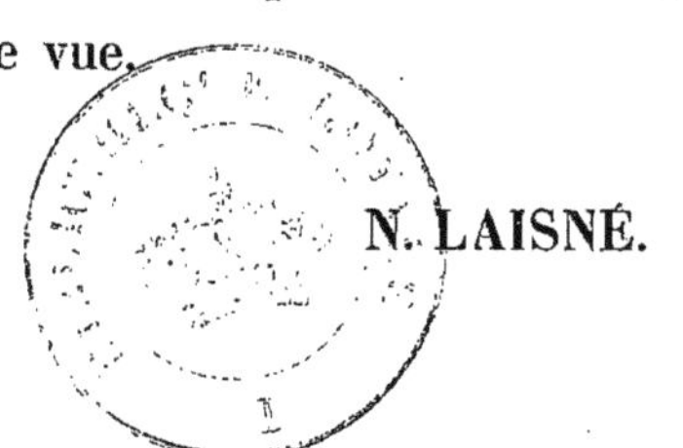

FIN.

Paris. — Imprimerie et lithographie de Maulde et Renou, rue Bailleul, 9 et 11.

Imprimerie et Lithographie de Maulde et Renou, rue Bailleul, 9.